長大後的你想成為什麼樣的人？

什麼都能修好的人、想像力豐富的人、很會開車的人⋯⋯
33個未來生活的想像，培養不一樣夢想的指南書

朴城佑／著
洪畫畫／繪
葛增娜／譯

未來的志願？

嗯——
未來我想成為什麼樣的人呢？

我沒有特別的想法⋯⋯

人一定要有夢想嗎？

我該選擇
什麼樣的職業？

如果有了想做的事情，
該怎麼做呢？

我擅長什麼?

我不太清楚自己喜歡什麼……

我想過幸福快樂
的生活……

我要成為什麼樣的人?

# 目次

10	什麼都能修好的人
14	喜歡天馬行空想像的人
18	很會開車的人
22	很會保守祕密的人
26	很會騎腳踏車的人
30	做錯事會主動道歉的人
34	好奇的事會追根究柢的人
38	不怕打針的人

42	腿很健壯的人
46	時常寫信的人
50	像百科全書一樣知識豐富的人
54	愛哭的人
58	愛笑的人
62	遵守約定的人
66	喜歡到處觀察星星的人
70	有許多興趣的人

74	為了朋友挺身而出的人
78	誠實的人
82	認識很多植物的人
86	喜歡做菜的人
90	善於傾聽煩惱的人
94	會很多樂器的人
98	時常旅行的人

102	說話有禮貌的人
106	謙虛的人
110	早起的人
114	了解昆蟲的人
118	親近藝術的人
122	懂得感謝的人
126	喜歡豎耳傾聽的人
130	願望很多的人
134	愛地球的人
138	充滿童心的人

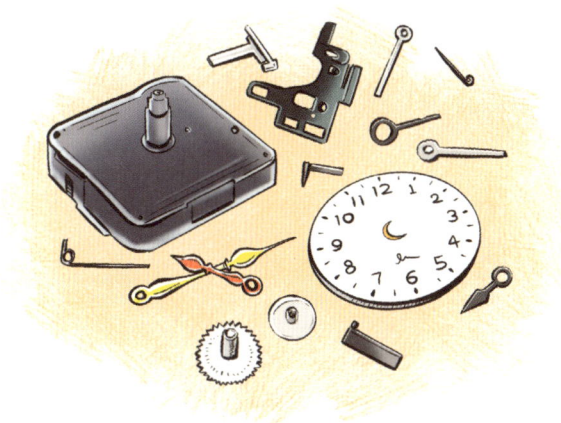

　　你問我為什麼要弄壞原本好好的時鐘?或許就是要弄壞很多次才能修好。弄壞很多次,代表正在漸漸了解複雜的原理。而且要知道怎麼看設計圖才修得好吧?也要懂許多專業用語。我想要了解所有機械的運作原理。

　　燈為什麼會亮?我要用小電燈泡和電池了解原理。冰箱如何製造冷空氣?車子怎麼動起來?我想閱讀關於車子構造的書。唉!好想快點長大,才可以拆解並研究冷氣和卡車。

老虎鉗、六角板手、螺絲起子、鉗子、板手、活動扳手、電壓表、分厘卡、噴槍、電池、雕刻刀、鋸子、電鋸、砂紙、鑽孔機、砂輪機、釘槍、安全氣槍⋯⋯我要用這些工具修理世上所有的物品——每次維修壞掉的東西都感到緊張刺激。未來還可能出差到遙遠的宇宙維修太空船，這世上沒有我的雙手修不好的物品。

當我專注修理東西時，時間總是過得特別快，沒有無聊的日子。一點都不覺得孤單，因為我可以幫助別人，與鄰居也相處得很好。雖然以後眼睛可能看不太清楚，手也變得比較笨拙，但只要戴上老花眼鏡修理物品，內心就會感到平靜。

什麼都能修好——
不代表可以隨便碰任何東西，
或是拆開東西。

了解運作原理，找出問題所在，
逐一確認到底出了什麼錯。
準確的找出問題點，俐落的解決問題。

雖然對別人而言，這個東西不重要，
但對某人來說，可能具有特別的意義，
因此我想要延長物品的壽命。

我要成為什麼都能修好的人！

喜歡天馬行空想像的人

我想忍住不放屁,然後再一口氣放出來,像火箭一樣高高飛向空中,前往宇宙旅行,見見外星人,這樣的話得先準備好行李,要帶什麼去呢?還要仔細檢查有沒有忘了什麼東西。等再次回到地球時,我想帥氣的往海裡縱身一跳。無聊又沒事做時,想像各種天馬行空的事情最有趣了。

　　如果把一堆雲放進教室會怎麼樣?坐在雲朵上念書是什麼感覺?比起硬梆梆的椅子,在軟綿綿的雲朵上念書,生硬的習題也會變得柔和許多吧?下課時間即使不斷的跑跳,也不會發出震耳欲聾的聲響。可以把雲當成跳床跳來跳去,還可以牽著同學的手連續轉個三五圈。老師也能躺著上課,簡直就是夢寐以求的完美教室!

要不要搭遊艇去上班呢？痛快的騎趟水上摩托車再工作？我想把筆電放在肚子上，躺在海灘的陽傘下，一邊喝著冰奇異果汁，一邊打電腦。或者在蔚藍的大海，坐在游泳圈上處理事情，躺在小船上好像也不錯。

「我什麼時候變得這麼老？皺紋變得這麼多？」
　　或許我會想讓時光倒流回到年輕的時候。如果時間倒回去太多，可能會看到包著尿布滿地爬，或是吸著奶瓶的我。應該不會回到出生之前，因為某個意外讓我無法誕生在世上吧？

喜歡天馬行空想像的意思──
不是腦袋裡塞滿沒有用的想法，
也不是想著沒必要的事情打發時間。

遇到再怎麼困難和辛苦的事，
可以想像著快樂好玩的事，愉快的面對。

「明明是夏天，家裡的院子卻正在下雪。」
你可以描繪沒有人想像過的世界。
「雪人湧進正在下雪的院子裡開派對。」
你可以前往沒有人去過的世界。
而且可以想見到未來有可能實現的世界。

我要成為喜歡天馬行空想像的人！

　　坐在爸爸車子的副駕駛座,打開車窗會吹進涼爽的風。我想搭車到山上的村子,聞著青草和樹木的味道,經過上下起伏的山谷小路。路過海邊村落時,可以看到遠處海上的船隻,路上聽到海浪聲時,可能會發出歡呼。我要偷看爸爸開車的樣子,觀察爸爸什麼時候踩剎車,怎麼踩油門。

　　巨大的船要如何操控?飛在天空的飛機是誰開的?航向地球外的太空船又是怎麼駕駛的?我全都想試試看。以後想開太空船前往月球,從黑暗的宇宙看到的地球,是不是真的像泛著綠光的小圓球呢?

　　我想要開著可以吃飯也能睡覺的車子，載著心愛的家人盡情的遊山玩水。另一半應該會開心的聊個不停吧？孩子可能立刻就睡著了，但我不會硬叫他們起來觀賞外面的風景。等睡飽了，他們自然會張開清澈的眼睛欣賞路邊的景色。抵達了美麗的地方，他們一定會開心的蹦來蹦去。

　　「你怎麼年紀這麼大了，還是這麼美？」

　　「你才是呢！就跟我當初認識你的時候一樣，一點都沒變。」

　　起床看著另一半時，眼裡依然有滿滿的愛意。一起開車兜風前往找尋漂亮的風景途中，一定會發生許多美麗又浪漫的事。

很會開車的意思——
不是單手握著方向盤開車,
也不是開很快飆車。

從容且安全,
不讓別人和自己受傷。

在大波斯菊盛開的鄉間小路徐行,
在有著海鷗和碧藍海浪的村子遨遊,
與心愛的人一起前往想去的地方。
不搶快,遵守號誌,
看著前方,不分心。

在沒有紅綠燈的鄉村巷弄,
會比手勢讓路人先過。
時時觀察眼前是否有行人,小心駕駛。

我要成為很會開車的人!

當我得知祕密，真的很想告訴別人，一想到必須保守祕密，就更想說出口；即使用手搗住嘴巴，還是想說出來，甚至想要告訴家裡的小狗。不過，我一定不會告訴任何人。

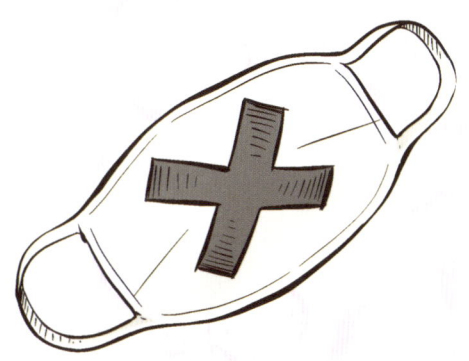

朋友告訴我祕密，代表他比任何人都相信我。就算有人說：「只告訴我一個人就好了。」我也絕對不會說出口。對方再怎麼央求或誘惑我，我還是會保守祕密，假裝什麼都不知道。當說出祕密的瞬間，可能會給很多人帶來困擾。我是信守承諾的人，所以要把祕密放在心中。

我不會說別人知道了也沒有好處的事。心裡話只告訴我，代表他只想讓我知道。我們兩個人之間的事情，我們知道就好，不能因為知道祕密，就覺得握住了別人的弱點。我絕對不會成為無法被信任的人。

「你不是都知道嗎？」
「怎麼會呢？我哪知道？」
有時候就算知道也要假裝不知道，絕不可以不是很了解卻說得煞有其事。如果不是很確定，最好不要說。別人沒做壞事，更不應該隨便亂說，做了好事，倒是可以到處宣傳。

很會保守祕密的意思──
不是指不告訴特定的某個人，在他背後說悄悄話，
或是隱藏不該隱瞞的事。

不需要刻意告訴別人的事就不要說，
說了沒有好處的事也不要說。
不要讓因信任而告訴我的人感到困擾。

「我很開心什麼都可以跟你說。」
「沒錯，你可以說任何事，我絕對不會告訴別人。」

我要成為很會保守祕密的人！

　　我很喜歡騎腳踏車奔馳的感覺，頭髮和衣梢被風吹拂，感覺特別涼爽。用力踩下踏板爬上坡，就算很累，也要堅持到最後。從山坡往下俯瞰，可以看到家和學校。告訴你一個祕密，我也看得到喜歡的人的家，希望他也喜歡騎腳踏車。不，比起腳踏車，喜歡我就好了，因為我可以載他。

　　騎腳踏車環島一周一定很酷！我要帶著水壺、睡袋和雨衣。甚至想騎到更遠的國家，騎在非洲的草原，即使可能遇到狼或獅子，我還是想騎。踩著踏板經過叢林超興奮的，當我快速駛過，樹懶會睜開眼睛看一眼又閉上吧？前往世界各地，有時雖然會跌倒，但會發生更多更棒的事情。

27

　　沿著河岸騎著雙人腳踏車真的太美妙了。注意不要跌倒的同時,也要不斷踩著踏板吧?騎腳踏車的途中,順便買束花和蛋糕告白好了。

　　「那個⋯⋯請問⋯⋯可以跟我交往嗎?」

　　萬一他接受我的告白,搞不好我們可以創下情侶共騎腳踏車最久的世界紀錄。

　　「奶奶,你有好好抓住腳踏車吧?」

　　「有,我在後面,所以你不要害怕,用力踩踏板。」

　　我的孫子也會喜歡騎腳踏車嗎?如果像我的話,一定會喜歡。生活在這個世界不可能不跌倒,跌倒過很多次才能學會不跌倒的方法。等他長大後,就可以騎腳踏車載著變成老奶奶的我。

很會騎腳踏車的意思——
不是不抓把手踩踏板，
也不是比別人騎得快，
更不是騎著昂貴的腳踏車到處炫耀。

騎在河岸或海邊，
看著水天一線之間融為一體；

用輪胎彈開早晨的陽光，
用輪胎劃開朝陽的空氣，
學習何時該前進，何時該停止。

我要成為很會騎腳踏車的人！

做錯事會主動道歉的人

　　澈底承認錯誤,請求原諒會更落落大方吧?我希望自己的心像操場一樣寬大,比大海或天空更廣闊。雖然覺得有點不好意思,但只要先將手伸出,就會鬆了一口氣。如果某人主動跟我道歉,我也會開心的接受。哇!這麼寬大的心胸是怎麼放進我的心裡的呢?

　　「對不起,以後我們好好相處吧!」
　　我可能會低著頭,用螞蟻般的聲音說出道歉的話,也有可能只是抓抓頭就轉身哭出來。就算那樣,主動開口道歉會感到輕鬆和舒暢。原本像是有顆大石頭壓在心裡,立刻變成雲朵浮在空中。

為什麼會傷害到別人呢？每個人都會犯錯，都有不小心的時候，不過一定要誠心誠意的道歉。如果道歉沒有誠意，會讓對方感到更不舒服。直到完全接受我的道歉之前，要鄭重再三的道歉。

「真的很抱歉，我會好好反省自己。」

大人對小孩子做錯事情也需要道歉，即使是上了年紀的老人，也需要向年輕人道歉。因為不論年紀大小，人都有情緒。

「對不起，我沒有顧及到你的感受……」

如果做錯事沒道歉，感覺自己會變得越來越渺小，因此退縮或想躲藏起來。我要主動付諸行動道歉，把不安轉變為安心。

「謝謝你接受我的道歉。」

做錯事情主動道歉的意思——
不是很小氣的說一堆藉口，
也不是嘴巴上說對不起就算了。

要站在對方的立場，思考對方的感受。
回顧自己的話是否像刺一樣讓對方受傷，
行為是否像冰柱一樣冷漠。
「沒錯，如果是我，我也會覺得不舒服。」

站在對方的立場，理解對方的感受，再主動的走向他。
五步、十步，再靠近一點，
然後一起手牽手往前走十步、二十步。

所以不要隨便敷衍帶過，
要用真心誠意安撫對方的心情。

我要成為做錯事會主動道歉的人！

好奇的事會追根究柢的人

遇到不知道的事情就感到雀躍，比起忽略問題，更想知道答案。遇到好奇的事，就算吃飯吃到一半，或正準備睡覺，也要問到底。學習新的事物真的很開心。

　　「媽媽，為什麼只有女孩子有月經？」

　　「爸爸，為什麼做夢時不知道自己在做夢？」

　　為什麼老是感到好奇呢？我的老師最親切，一定願意仔細的教我，他無所不知，會告訴我所有的事情。我要黏在全世界最棒的老師身旁，不斷的問問題，搞不好我會抱住並吊在老師身上。

　　「你想知道的事情真多，下課時間都不用去廁所嗎？」

　　「老師，解開疑惑之前，我沒辦法去上廁所。」

有不知道的事情就想立刻詢問,但一直問同樣的事不太好,所以會整理好資料,以便隨時翻閱。我要隨身攜帶紙筆,帶著筆電也是一個好方法。

　　看報紙時,有不懂的就想搜尋看看,讀新聞發現不知道的就想查詢。路上看到不知道意義的招牌,我會去問老闆。搞不好也會對著來家裡玩的孫子,詢問各種新上市的產品,因為學習新事物永遠感到快樂。

　　「謝謝你詳細的告訴我,這是零用錢,收下吧!」

好奇的事會追根究柢的意思——
不是隨時隨地一直去麻煩別人，
也不是自己不找資料，只想去問別人。

問不知道的事情並不丟臉，
這世界理所當然的充滿了各種未知，
沒有人一開始就知道一切。

雖然現在不知道的事情很多，
未來不論遇到多困難的事，
會在一一了解的過程中獲得滿足。

要不要看書呢？要不要搜尋呢？
查了很多資料還是搞不清楚，那時再恭敬的請教別人。

我要成為好奇的事會追根究柢的人！

不怕打針的人

打針前真的很緊張,常常嚇得我眼前發黑。打針時如果尖叫,搞不好會震破天花板的日光燈;抬起屁股用力蹬腳,說不定就能衝破天花板飛出去。沒有人天生就不怕打針,只要忍耐一下就不痛了。雖然緊張,但勇敢面對就會過去。

我不會因為不想打針就逃跑或在地上打滾。為了不生病才打針,只要忍耐一下,以後就不會生病了。護理師小的時候搞不好也嚇得發抖,醫生小時候可能也曾哭出來。打針只是短暫的刺痛,一下就結束了,很快就不痛了,所以我要鼓起勇氣勇敢面對。

我想要打針時眼睛一下都不眨,若無其事的道謝後離開醫院。就算變成大人,應該也沒有人喜歡打針,可是健康最重要,所以必須打針時,會勇敢接受打針,也會乖乖吃藥。

年紀大了,身體各個地方都會出現問題。稍微踩空,骨頭就可能裂開。生病不會很快好起來,昨天的事情也可能立刻忘記。身體不舒服時,什麼都不想做。「健康時就要好好照顧身體」,這句話肯定沒錯,我要常常運動,身體不舒服時就要接受打針。

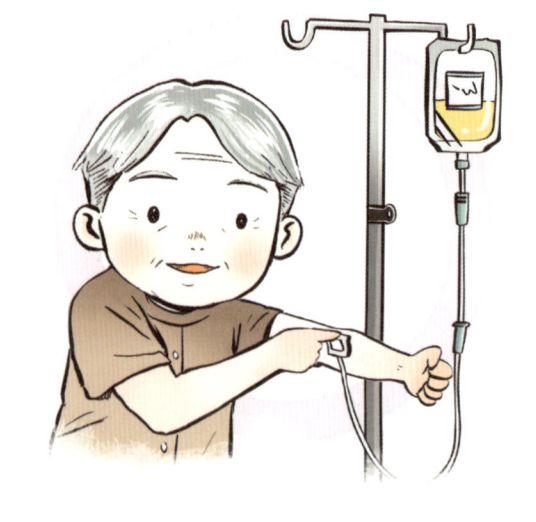

不怕打針的意思——
不是打個兩、三針，
或是經常生病去醫院。

「今天在手臂打針嗎？」
「今天是在屁股打針嗎？」

打針只是短暫的刺痛，不會疼痛很久。
可以讓明天變得比今天更健康。
為了未來不要生病痛苦，稍微忍耐一下就好了。

不怕打針的意思是——
打針的短痛會取代生病的長痛，可以過著更健康的生活。

我要成為不怕打針的人！

腿很健壯的人

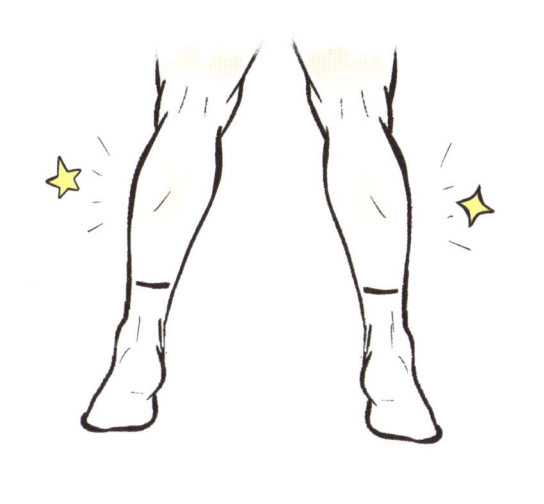

用跳繩來暖身好了，要不要踢踢腿呢？只要是用腿做的事，我最有自信。我可以像豹跑得飛快，像袋鼠一樣跳得很高，也可以像駱駝走很久都不覺得累，因為我有健壯的雙腿。

這一次用腳背，接著用腳底！很好，這次往右上方踢，再用膝蓋頂，用頭頂球！我可以踢球踢超過三十分鐘都不覺得累。已經一個小時了嗎？還是兩個小時？我想要一直踢球到有人叫我別再練習了。我可以是個用腳舉重的高手，覺得自己可以一口氣走上一百層樓的階梯到樓頂。只要有健壯的雙腿，什麼運動都難不倒我。

我要做深蹲運動，努力原地跳高，跳得比鳥還高，像鳥一樣輕盈的躍起跳遠。接下來想要走遍全國各地。

要不要再買訓練腿部肌肉的運動器材呢？天氣好的時候，想用健壯的腿走更遠的路，下雪或下雨的日子一直待在家裡，一定會覺得全身不對勁。

「好，這次我要走更加陡峭的山路，一睜開眼就去爬山。下次再走快一點，試試看用跑的好了。」

腿很健壯的意思——
不是跌倒了膝蓋不會破皮，
或是踢到鐵塊不會痛。

繞著社區跑兩、三圈都沒有問題，
也可以輕鬆爬上附近的山坡。

就算跳繩跳很久也不會累，
足球踢完上下半場也沒問題，
還能用雙腳走遍世界各地！

腿很健壯的意思是——
可以輕鬆的走、跑、踢、跳，
不論是哪裡，只要下定決心就能用健壯的雙腿去走一趟。

我要成為腿很健壯的人！

時常寫信的人

想起喜歡的人，心情就會變好。如果收到我誠心寫的信，他一定會很開心吧？開頭要寫什麼？問他喜不喜歡吃辣炒年糕嗎？還是問他會不會騎腳踏車？等他回信後，我要再寫信給他，我想要就這樣無止境的往來信件。

我想真誠的書寫信件，而不是用電子郵件。誠心誠意寫信那晚的天空，希望布滿著許多星星。拿著貼了漂亮郵票的信封前往郵局的路上，巷弄的轉角開著芬芳的花朵。

「啊！有沒有散發著紫丁花香的信紙呢？」

十年後我會變成什麼樣子？我要寫信給未來的自己。問他到了四十歲開不開心，睡覺時依然會捲被子嗎？下大雪的夜晚是否還是睡不著？我也想對變成老爺爺的自己打招呼，那時候的我看到一定很開心。希望那時過得更優雅、快樂和精采。我會將信保管在抽屜的深處，搬家時也會記得帶走。

「我把筆和信紙放在哪裡呢……？」

每一次收信後回信的過程都讓我感到喜悅。或許從一早就在寫信給移居到遙遠城市，或是住在國外的家人。等眼睛看不清楚了，我會戴上老花眼鏡，即使無法快速的書寫，也不會著急，用心寫下一字一句。

時常寫信的意思 ──
不是告知不認識的人我的近況,
也不是寄給不想知道我的消息的人,
隨便寫寫的不叫寫信。

誠心誠意的通信往來,
同時也交流彼此的心意。

對無法時常見面的人,傳遞思念的心。
對想知道我的消息的人,告知自己過得很好。
是以較慢的速度對想念的人表達愛意。

我要成為時常寫信的人!

像百科全書一樣知識豐富的人

問我什麼事情，我都能回答你。要告訴你爬蟲類和兩棲類的差異嗎？想知道瓢蟲有多少種類嗎？從小我就喜歡學習動物的一切。還是要告訴你關於聯合國世界遺產的事呢？歐洲史好嗎？我對文化和歷史也很有興趣。不是為了炫耀，只是覺得只有自己知道太可惜了。

　　物理或化學有點難，但很奇怪的總會引發我的好奇心。宇宙的事也都很不可思議。「嗯？這是不是寫錯了？」閱讀時，會在不懂的地方畫上問號，然後查閱另一本書。我的知識太豐富了，說不定想親自寫一本百科全書。——了解未知的事帶給我莫大的喜悅，這種人是不是被稱為「走動的百科全書」？

「所以蘇格拉底……」

「愛因斯坦的相對論呢……」

不論是哲學或是科學的疑問,我也可以有自信的回答。文學的事也沒問題。我也很想跟大家說明美術史。經濟雖然不太精通,但基礎知識應該還是可以教你。

「經濟是將人類生活中所需的物品或服務……」你睡了嗎?是不是睡著了?

等上了年紀,我也要對健康保持興趣。我很好奇疾病的種類或症狀,也想讀很多關於運動或營養學的書。對了,吸收知識雖然重要,但更重要的是親身實踐。肌力訓練、有氧運動、瑜珈、伸展……從基礎的運動開始持續下去。

「嗯……今天有點晚了,從明天開始好了。」

像百科全書一樣知識豐富——
不是一知半解卻對別人炫耀，
像是知道一切般露出得意的樣子。

因為閱讀了很多書，所以更能深入的閱讀。
因為欣賞了很多畫，所以更能深入的欣賞。
如果想要像百科全書一樣知識豐富，就要看夠多的書，
對各種領域也都抱有好奇心。

不只是對數學或科學，
了解運動、文化、藝術也很有益處。

在日常生活中一定可以感受到更多，體驗到更深層的喜悅。
也要謙虛且正確的告訴別人不懂的知識。

我要成為像百科全書一樣知識豐富的人！

愛哭的人

盡情的哭一場就會感到痛快無比。今天要不要蓋著兩條被子哭一哭呢？我不會鑽到床底下或是躲到衣櫃裡哭，可不能吸著灰塵大哭，或是在陰暗的地方默默啜泣。我要蓋著被子流淚，讓悲傷也一起流出去。

難過的時候，我要緊握朋友的手流淚。抱著朋友哭時，搞不好會把鼻涕抹在他的肩膀上，但我還是會張開雙臂緊緊抱著朋友大哭，一起哭完心情也會舒暢許多。開心的時候也要抱著朋友流淚，朋友終於完成了不起的事情時，也要流下喜悅的淚水，開心的哭一場，心裡就會泛起一股暖流。

說不定會坐在公園的椅子上，一個人看著月亮哭，幸好晚上不太容易被人發現。當有了心愛的人呢？許下天長地久的承諾並流下淚水，心情就會變得平靜吧？想哭的時候，我不想忍耐，會哭到奪眶的淚水不再流出來為止。

「我真的很努力的過了一輩子，過著無悔的生活，很慶幸像這樣平安的變老。」
　　搞不好我會在餐桌上和家人一起吃飯時，突然就哭了出來，與喜歡的人過著幸福的生活真的很開心。看著長大後亭亭玉立的女兒牽著孫女的手回來，就淚流滿面，女兒和孫女可能正在替我拭淚。

愛哭的意思——
不是隨便小事就哭，
也不是沒事哭鬧。

要哭到煩悶的心舒暢為止，
要哭到不想再哭為止，
不要壓抑內心的情感，如實的表現出來。

想哭的時候直率的哭，
難過的淚水全部湧出來，內心就會痛快許多。
開心的淚水全部流下來，心情就會平靜許多。

我要成為愛哭的人！

愛笑的人

用笑臉度過每一天會不會更開心？早上皺著眉起床、皺著眉上課，搞不好會發生更多令人皺眉的事，可能整天都只能皺著眉度過。用開朗的笑容度過一天一定會更快樂。

　　彼此笑著聊天，心情就會變好吧？我要帶著笑臉交談，用笑臉回答。當我不耐煩時，心情會變得更不好，也會讓對方不開心。笑口常開或許真的會發生好事，發生更開心的事情。我不太喜歡不滿的表情，看起來很無奈，我要永遠把微笑掛在嘴角。

「你好,早安。」

我要先揮揮手親切的打招呼,如果我用笑臉打招呼,對方也會用笑臉回我吧?彼此愉悅的打招呼,辦公室的氣氛也會變得開朗。同事升遷時,我要真心的祝賀他,我不會忌妒,會像自己的事情般替他開心,對方也會同樣的對我微笑,用尊重和體貼的心對待我。

只要我稍微開個玩笑,孫子就會哈哈大笑。即使前一刻哭得人仰馬翻,看到我就會破涕為笑。幫他擦屁股的時候,他也會笑吧?看到孫子的笑容,我也會忘了腰痛一起大笑。

愛笑的意思——
不是毫無想法的隨時傻笑,
也不是不懷好意的嘲笑。

原本想要發脾氣,但還是笑著說話,
本來想說不好聽的話,卻說出好話。

「沒關係,很快就會過去。」
朋友痛苦時一起分擔,
家人孤單時給予溫暖的安慰。
用開朗的表情和溫暖的話語對待別人。

時常用開心幸福的心情過生活,
讓意志消沉的對方心情變好,
克服傷痛和難過,拿出正向的力量。

我要成為愛笑的人!

遵守約定的人

約好和朋友見面，我不會遲到。稍微早一點出門，先抵達等待朋友。一邊等，一邊想像著他大概到哪裡，會用什麼表情出現。先抵達等朋友，會更加充滿期待。

一定要遵守約定，不能遵守的約定，當初就不該承諾。向某人借的物品，使用完要立刻歸還。從圖書館借的書，在借閱期限之前一定要還。不守約定的人無法得到別人的信任，沒有人喜歡和不守約定的人相處，遵守約定真的很重要。

等我有了喜歡的人,要送花給他,還要送漂亮的戒指,然後承諾一輩子只愛他一個人。一旦許下承諾就不會找其他藉口,打勾勾的約定一定要遵守。無法遵守的約定,從一開始就不該承諾吧?因為可能會留下難過和傷痛。

「今天原本預計去遊樂園玩,但天氣很冷風又大,感覺快下雨了,也會塞車⋯⋯」

一開始就不要承諾想用藉口敷衍的約定,只有一定能遵守時才可以打勾勾。如果真的無法遵守約定,就真心誠意的道歉,然後下次一定要實現約定。

不能因為忙碌又累就不遵守約定。
不能不守約定又強詞奪理的說一堆藉口。

遵守約定的意思是──
不是在真的沒辦法遵守的情況時也要遵守，
不是絕對不可以忘記。

不讓對方和自己感到失望，
不傷了對方和自己的心。

要遵守所有的約定沒那麼容易，
不過老是不遵守約定的人無法得到信任。
萬一總是不遵守約定，別人也不會信任我。
我要好好遵守約定，成為讓別人信任的人。

我要成為遵守約定的人！

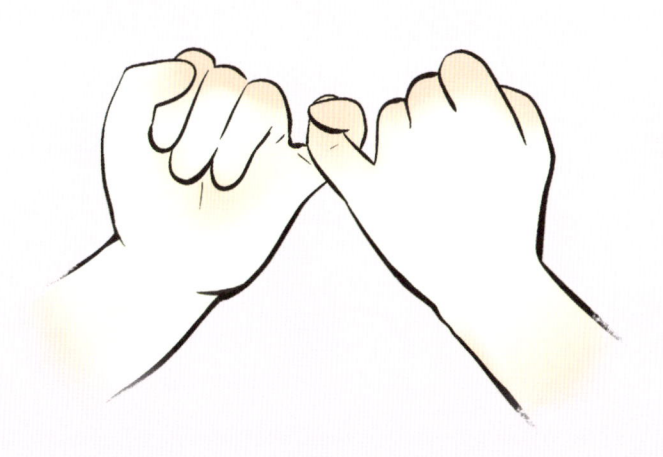

喜歡到處觀察星星的人

看星星真的是件浪漫的事，去哪裡才看得到很多星星呢？我要去視野很好的觀星地點，把頭枕在手臂望向天空，滿心期待的找尋星座。

　　「哇！有北斗七星！那是小熊座！」

　　「第一次看到那顆星星耶。」

　　如果有望遠鏡會更好吧？要不要請爸媽買天文望遠鏡給我呢？我想和駱駝一起躺在沙漠仰望閃閃發光的星空，替還沒有名字的小星星取名，時常看著星星，我的心也會像星星一樣閃閃發光。

「他如果輕輕靠在我的肩膀上怎麼辦？」

我想在清晨時和心愛的人在江邊看流星。也想擁有一支可以看到遠處的好望遠鏡。抬頭看著夜空時，星星也會偷偷的俯瞰我吧？

每次看到牧夫座內心就很激動，看到獅子座心情就很好。即使白髮日漸增多，我還是要偶爾抽空去看星空。如果能和朋友一起去天文台看星星就更棒了，前往的路上要一路聽著音樂。很久很久之後，等我一睡不醒離開這個世界，我一定會成為夜空中閃耀的星星。

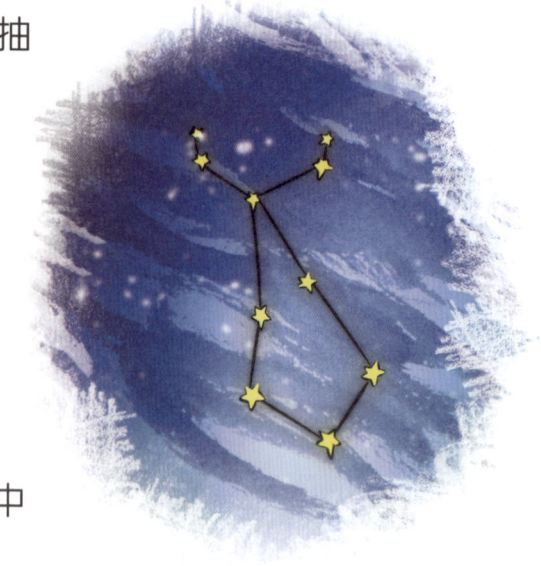

到處去看星星──
不代表要成為研究星星的科學家，
也不是成為看著星星寫詩的詩人。

只是單純的成為喜歡星星、常看星星的人。
然後自己也成為跟星星一樣閃耀的人。

星座擁有什麼故事？
過去哪些人一直觀察星座？

用看星星的心打開閃閃發光的世界。
用期待激動的心情打開像星星一樣閃耀的每一天。

我要成為喜歡到處觀察星星的人！

有許多興趣的人

我要夏天時去泳池帥氣的游泳,也要學習衝浪,或試試看沙灘排球。對了!可不能忘了擦防晒乳。冬天到了我要滑雪撬,或是去滑雪場帥氣的滑雪,如果可以嘗試跳台滑雪更好,我已經迫不急待冬天的到來。

　　我想學跳舞展現帥氣的舞姿,肚皮舞也好,踢踏舞也可以,芭蕾好像也很有趣。打羽毛球時,我的心就像羽毛般輕盈,學網球的話,心就像反彈的球雀躍不已。只要一浮現想做的事情,我就很興奮。搖呼拉圈、跳繩⋯⋯不論什麼都想試試看,根本不會有無聊的時候。

我想學西洋棋，圍棋好像也不錯。靜靜坐著的休閒活動似乎也充滿樂趣。我喜歡閱讀，喜歡聽古典音樂，也想學插花和木工。時常和喜歡的人去電影院看場精采的電影也很棒。

「現在學習武術是不是太晚了？」

迴旋踢時可能會傷到腰，如果再年輕一點，就到少林寺學功夫了。偶爾也想搭火車旅行或是露營，即使年紀大看到營火也會感到興奮吧。

「老花更嚴重之前要不要學畫畫？要在更遲之前，學會度過像大熊座或獵戶座一樣燦爛時光的方法。還是學畫畫，畫一幅夜晚的風景好了。」

興趣越多越好，
可以享受的事情也越多越好。

有許多興趣的意思——
不是沒一個擅長的，只是到處去沾一下邊。
不是不努力工作，只想著玩樂。

有很多興趣的意思是——
用各種方式愛自己，
享受著自己喜歡的事情，
朝著更開心幸福的生活邁進。

就算不像專家般精通，但可以享受與眾不同的喜悅，
充分的度過幸福的時間。

我要成為有許多興趣的人！

為了朋友挺身而出的人

「等等,你們都後退。」

蜜蜂飛進教室時,我要挺身而出。當然不是親自抓蜜蜂,而是快點去告訴老師,讓蜜蜂飛出窗外。

「我們一起玩好嗎?」

看到不太能融入、落單的人,我要主動去跟他說話。在操場和他一起踢足球,放學後一起搭肩回家。

要保護自己的朋友吧?我不幫朋友,誰還會幫他?如果朋友陷入危險,我會去救他,但不是魯莽的出面打架,而是不會視而不見。當朋友有困難,不會假裝不知道,幫助了朋友,以後朋友也會幫我。

朋友生病時，我會立刻去探望他。告訴他，他不是一個人，我永遠在他身邊。萬一朋友誤入歧途，我會好好指引他走回正途。告訴他犯錯就是不對的行為，雖然擔心他可能因此不高興，但不要衡量太多，為他著想才是真正的朋友。

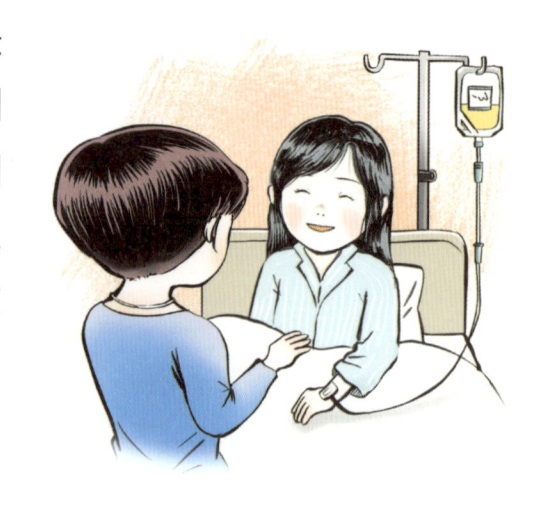

我可能會為了生病的朋友煮粥，擁抱失去伴侶的朋友安慰他，好幾晚陪著朋友睡覺，不讓他感到孤單。萬一因此我也病倒，變得更嚴重怎麼辦？我想朋友一定會幫我，即使不幫我，我也不會感到難過，因為我不是希望得到回報才幫助朋友。

「加油,一切都會順利的。」
「沒關係,你有我們在。」

為了朋友挺身而出的意思是──
安慰難過的朋友,成為他的力量,
成為彼此的希望。
小小的喜悅因分享成為大大的喜悅,
一起分擔,讓憂傷減輕一點。

看到有困難卻視而不見的不是朋友,
只有在需要的時候互動的也不是朋友。

不用多說什麼就守在身邊的才是真正的朋友,
不管什麼時候先溫暖的伸出手才是真正的朋友。

我要成為為了朋友挺身而出的人!

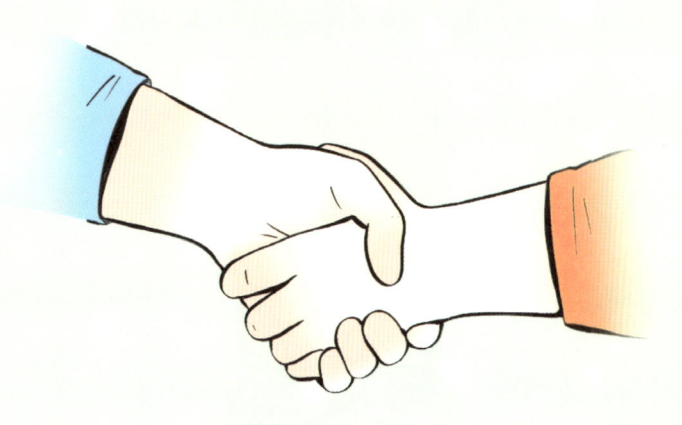

誠實的人

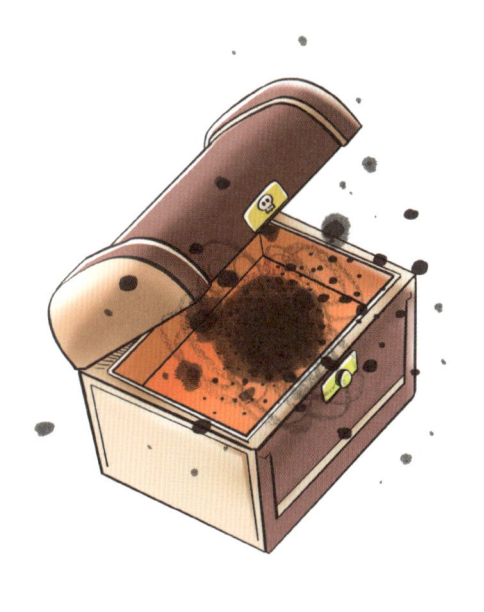

坦白說出心裡的話會覺得痛快多了，在謊言被揭穿之前老實說出來，心情就會變得比較輕鬆。一開始隱瞞，就得說更多的謊言，多到要用大袋子或大箱子才能把謊言藏起來。謊言不斷帶來更多的謊言，一旦欺騙了別人，就會繼續騙下去，這可能會折磨著我的身心。

「我更喜歡這個顏色。」

我要誠實說出自己的想法，想要什麼、想買什麼，不好笑就說不好笑，無聊會說無聊，有趣就會說有趣。不舒服、不喜歡也會老實說出來。我也會說下次請不要這樣，覺得開心或幸福時也要說出來。

「我們要不要交往呢？」

遇到喜歡的人，我要說我喜歡他，愛上一個人，我要說我愛他。隱藏心裡的感受不表現出來一定很悶，欺騙自己說無心的話一定很痛苦。

「孩子們，我想捐出我所有的財產。」

我不想帶給別人麻煩，正直的活著，乾淨俐落的死去。孤單的時候也會說自己孤單，忌妒別人時也可能嚷嚷著說我忌妒他。

誠實的意思——
不是把不需要說的也說出來，
不是把不該說的也說出來。

過著像溪水一樣透明清澈的生活，
像飄著雲朵、天高氣爽的蔚藍天空。

不說謊、沒有任何隱瞞，
正直的過生活最好了。

誠實的意思是——
不欺騙自己和別人的心，
開啟問心無愧的明天。

我要成為誠實的人！

認識很多植物的人

「咦？沒看過的花耶。」

當知道花名後，一定會覺得更親切，我要多認識樹和花的名稱。我不想不經意的路過，我要停留下來仔細觀察。親切的呼喚花草樹木的名稱，它們也會開心的迎接我。

「為什麼這個花的名字是落新婦呢？」

我想知道植物所有的特性。好奇路邊或花圃裡的花名。我想穿越荊棘和樹叢認識樹木的名稱。拿著植物圖鑑走在草叢小徑，認識我沒看過的樹，對樹越熟悉，就越覺得樹是我的好朋友。

「樹皮好特別，原來這叫山茱萸。早期常拿來當作趕馬的馬鞭，所以才稱為馬鞭樹啊！」

　　我可能會站在第一次看到的樹前，好奇樹的名稱。看到樹就拍下照片，寫下關於樹的紀錄，我要做出專屬我的圖鑑。

「哇！這裡有很多桔梗呢！」
「喔？這裡開滿了五味子，年紀越大，就越會注意對身體好的植物。」

　　我可能會更關心山上和田野裡生長的野生花草，也要時時謹慎，不隨便亂吃，因為有些植物有毒。認識植物又不是為了了解吃哪些植物對身體有益。

認識很多植物，
不是為了不看植物圖鑑就能辨認。

在田野和森林看到的植物都有名字。
明明有名字卻不稱呼，植物可能會覺得失落。

多被銀蓮花、耬斗菜、狼尾花、鈴蘭花、
虎耳草、梅花草⋯⋯
水榆花楸、鼠李、東北杏、多花泡花樹、麻櫟、白蠟樹⋯⋯
認識各種植物特色的過程，
我也漸漸找到屬於自己的色彩和香味，
朝向結出有意義果實的路途邁進。

我要親切的呼喚花草樹木的名稱並打招呼，
對和我們一起共存的田野和森林的植物，
傳遞感謝的心意。

我要成為認識很多植物的人！

喜歡做菜的人

吃美食當然很快樂，但料理的過程更好玩。今天要挑戰什麼料理呢？要不要試試法式料理？還是義大利料理？或許因為買不到材料，正撒著胡椒粉打噴嚏，也可能擦拭著叉子，吸著鼻涕感到惋惜。

「媽，幫我買去歐洲的機票好嗎？我買了新鮮的食材就立刻回來。」

　　當做好食物放在餐桌，家人一定會覺得幸福吧？他們會閉上眼睛仔細品嘗味道，甚至可能吃不夠，還要再追加一份。即使料理得不太好吃，我也不會氣餒，應該不至於沒人想吃，結果我要自己一個人分好幾天吃完吧？越做菜就越喜歡做菜。但我還不是大人，所以不會單獨下廚，因為可能發生危險。

「噠噠噠噠噠！」我想要俐落的切食材，甚至不需要盯著。想找好朋友來家裡開派對，一起享受美食，度過幸福的時光。一圈、兩圈、三圈……十圈！把煎餅拋到空中然後接好。下廚當然要以洗碗畫下完美的句點，我要把碗盤洗得亮晶晶。

女兒也喜歡我喜歡的菜餚，應該會覺得很神奇吧。如果知道孫子也跟我的口味相似，一定會覺得更特別。即使上了年紀，只要穿上廚師服，就會有煥然一新的感受，我要戴上廚師帽，為了好久沒來的可愛孫子大展身手。

想要喜歡做菜和做得越來越好，
要先了解一起吃飯的喜悅。

喜歡做菜的人 ──
即使買食材也會哼著歌，
就算拿著很重的菜籃也不覺得累，
學習如何挑選新鮮和好的食材，
熟悉處理食材的方法，做菜才會變得更有樂趣。

喜歡做菜的意思 ──
不只是整天無所事事做菜來吃，
不只是自己吃光自己煮的菜。

做出最特別的菜餚，
與最特別的人分享喜悅。

我要成為喜歡做菜的人！

善於傾聽煩惱的人

「有任何難過的事情都可以告訴我,全部說出來比較舒暢。」

雖然傾聽別人的煩惱並無法立刻解決,但至少可以減輕一半的擔憂吧?邊點著頭邊聽對方訴說,偶爾也會突然想出好方法,如果一起合力解決困難,一定會開心的跳起來。

如果有了很大的煩惱怎麼辦?我想要跟可以完全信任的人傾訴。煩惱只要說出來心情就會好多了,但搞不好我的煩惱太多,可能要說上一整晚。

「所以我呢……小白,你有在聽吧?真的有吧?」

聽著別人訴說煩惱時，萬一我先哭出來怎麼辦？聽著難過心痛的事，我也會難過心痛。如果我也氣到受不了該怎麼辦？聽到憂心痛苦的事情，我也會感到憂心痛苦，不過我已經準備好聽對方說任何事情了。

「對呀！你一定很難過吧。對啊！你一定很孤單吧。」
傾聽煩惱聽久了，搞不好會腰痠背痛，耳朵可能會聽不太清楚，得戴助聽器。就算那樣，我也要聽到最後，隨時打開心門。就算是小孩子也有煩惱，已經長大成人，還是有很多無法解決的事。我想要盡我的全力傾聽，不是用耳朵，而是用心傾聽。

善於傾聽煩惱──
不是因為時間很多，
也不是因為沒事做。

陪伴別人一起度過痛苦難過的時刻，
可以暫時給他依靠和得到安慰。
雖然問題無法立即解決，
但可以讓痛苦和傷痛消散。

透過分享和分擔彼此的心，
可以有著更加親近和深厚的關係。

將難以啟齒的痛苦說出來，
心情也會變得輕鬆和舒暢。
然後一起解決難題，
能更勇敢和奮力的克服一切。

我要成為善於傾聽煩惱的人！

會很多樂器的人

怎麼會發出如此清澈的聲音呢？蝴蝶似乎會被我的鋼琴演奏吸引過來，再練習一下，我應該可以演奏出貝多芬交響曲。如果多多練習爵士鋼琴，還可以做即興演出吧？吹奏長笛，森林的鳥兒搞不好會飛過來，伸長鳥喙、拍著翅膀，搖晃著尾翼伴舞。

　　想吹好喇叭，肺活量要很大嗎？為了演奏好爵士鼓，手臂是不是要很有力？敲鈸的時候，我的耳朵會嗡嗡作響吧？小提琴和中提琴絕對可以扣人心弦。我撥弄著豎琴的手指一定很美麗。一定會有很多觀眾湧入，沉迷於我的演奏之中。

拉大提琴的時候希望剛好下雨，配合雨聲練習大提琴，感覺可以拉出更優美的音色。當演奏能力越來越好，我想開一場美妙又動聽的演奏會，舞台很小也沒關係，我想邀請家人和朋友來觀賞，聽到我的演奏，他們一定會很感動。

　　我想到鄉下的小村子裡教孩子演奏樂器，大家都會因為「樂器爺爺」來了而開心吧？我要和孩子一起到江邊吹奏陶笛，與他們一同坐在楊樹下，讓心情蕩漾。與孩子一起組樂團也不錯，來一場慈善演出怎麼樣？太棒了！我一定要試試看。

會很多樂器的意思──
不是購買和擁有很多樂器，
也不是炫耀昂貴的樂器。

如果做得到的話，
我想發出世上所有美麗的聲音。
把自己發出的美麗之聲，
與別人分享。
孤單寂寞時，朋友因痛苦而絕望時，
用音樂傳遞安慰和希望。

晴朗又有微風的早晨適合彈鋼琴，
想念某人時適合悠揚的小提琴聲吧？

我要成為會很多樂器的人！

時常旅行的人

每次背起行囊出發總是令人悸動，去北極還是南極呢？可能和北極熊一起吃烤鮭魚，或者和企鵝一起度過一晚。要不要吃木瓜？還是芒果？可能在海灘上吃著熱帶水果。我想到很遠的地方看海，盡情的聽海浪聲。

　　有沒有忘了帶什麼？不是現在立刻啟程，但每每準備行囊時，就更充滿期待，比去旅行更加興奮，怎麼會這樣？或許我會搭上清晨的火車，在田野中看著太陽升起。搞不好我會在搖搖晃晃的公車中，遇到全世界最美麗的夕陽。

　　「為什麼睡不著呢？希望明天趕快到來。」

我想在沙漠走上幾天幾夜，遇到耳廓狐時，我會露出什麼表情？不會遇到響尾蛇或蠍子吧？走在無止盡的沙漠中，搞不好會遇到正在爬沙丘的駱駝，一直走會看到有著寬大樹蔭的樹。跟著嚮導，流著滿身汗走在沙漠，喝一口清涼的水潤潤喉嚨，一定會有別無所求的感覺。

看著貼滿旅行回憶的相簿，彷彿再次走回時光之旅。我還想再去一次丹麥的哥本哈根，柬埔寨的吳哥窟也很值得回味。

我來到這世上的任務就像是旅行後漸漸老去。二十歲時喜愛歐洲，三十歲時愛上非洲和美洲大陸，四十歲時熱愛亞洲……我會一直愛著喜歡旅行的自己。

時常去旅行的意思──
不是整天只想著要去旅行，
不是不工作，整天遊山玩水。

與初次遇見的人開心的聊天，
沒吃過的食物也品嘗看看。

為什麼光用想像的就充滿期待和興奮呢？
希望我睡覺的房間聽得到海濤聲，
從窗戶灑落進滿滿的星光。

時常去旅行的意思是──
用興奮期待的心情看待和感受許多事物，
將美麗的風景珍藏在心中，讓每天都充滿希望和樂趣。

我要成為時常旅行的人！

說話有禮貌的人

希望我不要看不起別人，尊重每一個人。即使對方看起來年紀比我小，說話也要有禮貌。年紀小也有想法，要將他當作完整的個體。對剛學會走路的嬰兒說話很有禮貌，對著吸奶瓶的孩子也很客氣。

「請問你怎麼這麼可愛呢？」
「我們好好想一想，為什麼要這麼做好嗎？」
　　對於親近的人也要更小心且客氣的給予建議。雖然年紀比我小，但一定有很多比我更成熟的地方。
「謝謝你真誠的給我建議。」
「哪會，你平時幫我更多。」

從小得到尊重的人,長大才會尊重別人。即使孩子做錯了,也要用好話勸他,不用罵的,即使生氣也要努力忍耐。就算是沒禮貌的孩子,也會冷靜的跟他好好勸說,因為每一個小孩都是從錯誤中學習的。

「你對我說話不用這麼客氣。」
「不會,我這樣比較習慣。」
　　即使年紀比我小很多,我還是想要保持禮貌,講話不客氣感覺就像命令。我要先尊重對方,對方才會尊重我,兩人的關係才會越來越好。

講話有禮貌的意思——
不是因為不熟，
也不是因為自己的地位不高。

人沒有分地位高低，都是平等的，
應該體貼和尊重彼此。
我先主動尊重別人，
就能打造比現在更溫暖的社會。
先認為別人很重要，
對方也會尊重我。

講話有禮貌的意思是——
我先尊重別人，也得到別人的尊重。
因為有為別人著想的心，才想保持禮貌。

我要成為說話有禮貌的人！

"
你好！
謝謝！
對不起！
我愛你！
"

謙虛的人

我不想因為做了一點善事就到處嚷嚷，更不想因為擅長數學，就在同學面前得意洋洋。我不喜歡為了一點小事就四處宣揚，懂很多又到處炫耀一定會被討厭，那應該是由別人來稱讚的吧？

　　如果我有像超人一樣的神力，我會立刻制伏威脅人們的壞蛋，然後若無其事的消失。如果我是非常有錢的富翁，我會偷偷捐款，然後內心暗自感到滿足。用謙虛的心生活，一定會發生更多令人欣慰的事情。

沒有分有用和沒用的人，大家都是一樣的。我不想因為比別人擅長什麼就露出得意的樣子，如果某人有不太擅長，或不太了解的事，我要親切的教他。時常保持謙虛謙卑的心。

世上沒有不漂亮的孩子，沒有不可愛的孩子，我不說沒有人比我的孫子更可愛的話。每一個人都認為自己的孩子最棒，但我不想炫耀自己的孩子最棒。如果我有錢就到處炫耀，一定會被別人說閒話。就算上了年紀，我也不想倚老賣老。

謙虛的意思──
不是因為不如人而不敢表現，
也不是因為別人都會，我卻不會而默不作聲。

到處說自己多厲害的人，不是度量大的人，
到處炫耀自己的人，不是做大事的人。

需要尊重別人的心，
需要體貼別人的心。
需要替彼此著想，努力共處的心。

除非別人先稱讚我，
不主動炫耀自己。
即使完成了很棒的事情，也不會強調自己多厲害。

我要成為謙虛的人！

早起的人

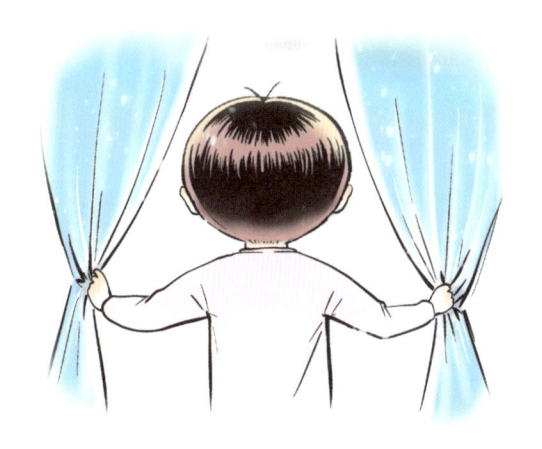

「爸、媽,該起床了。」

我不要聽爸爸媽媽催促我起床的聲音醒來。我要第一個起床,拉開窗簾,打開窗戶看向窗外。早晨的空氣很清新,每次看到喜鵲跳著走路的樣子就覺得很可愛。起床聽到喜鵲的叫聲,心情自然就好起來。

「喜鵲你好,祝你今天也有美好的一天。」

「我是不是太早起床了?要再睡一下嗎?」

或許天還沒亮我就伸著懶腰起床,等待太陽升起。我不想聽著鬧鐘響起床,聽著清脆的鳥叫聲更舒服。早餐之前還有點時間,打開窗戶看書,或者跳兩百下跳繩好了。

「你可以晚一點起床。」
　　先不要吵醒睡著的貓咪比較好吧？可是我想聽音樂怎麼辦？聽著輕快的音樂，會變得更有精神。吃早餐開啟清爽的一天。
　　「早餐吃三明治還是沙拉？一大早吃牛排很奇怪嗎？」

　　我要一醒來就轉轉脖子和膝蓋，也要伸展我的腰，不好好運動可能會讓我駝背。搞不好星星還沒全部消失時我就起床了，戴上老花眼鏡坐在搖椅上看報紙。對著整晚發生的事情砸嘴，風吹的日子我想打開窗戶喝茶。

趴在床上睜開眼睛不代表起床了，
伸了懶腰，洗臉刷牙完畢才是真的起床。

早起的意思 ——
不是叫你少睡一點，而是早睡早起。
呼吸早上新鮮的空氣，
聽聽鳥叫聲也看看窗外的風景。

不是為了從一大早就抱怨才早起，
不是為了揉眼睛坐著發呆才早起。

以愉悅的心情起床，開心的迎接一天。
早點睜開眼睛開始清新又快樂的一天。
我要從早到晚維持這個好心情。

我要成為早起的人！

了解昆蟲的人

「蝴蝶停在葉子上時,大多合攏翅膀,蛾多是張開的。」

越了解昆蟲的世界就越覺得神奇。用看的就好,不捕捉。我要到森林裡仔細觀察螳螂怎麼用前腳捕獲獵物,蚱蜢又是怎麼飛起來。我要去村子後的山坡觀察有沒有竹節蟲。

「明天就要去郊遊了,希望今天快點過去。不對,我不能在蜉蝣面前說這種話,太殘忍了。」

蜉蝣的生命真的這麼短暫嗎?我想要持續的觀察。好奇牠在那麼短暫的時間裡究竟做了些什麼。仔細觀察的話,一定可以發現很多有趣的事。

「什麼?已經過兩天了,怎麼這樣?已經三天了!蜉蝣不是只能活一天嗎?」

「雌蟬為什麼不會鳴叫？萬一牠想叫怎麼辦？」

我想更仔細了解蟬的生命週期和天敵。我想去池塘觀察水生昆蟲。去森林盡情觀察昆蟲。前往看昆蟲的路上，搞不好會被蜜蜂追逐，或是看到蛇嚇一跳，要做好防護措施再出發。

或許我正在研究鞘翅目的螢火蟲，搞不好正全力了解蜻蜓的分類。到處觀察瓢蟲也不錯，四處找尋甲蟲也很有趣。了解和喜歡是兩回事吧？再怎麼喜歡昆蟲，我還是討厭蚊子和蒼蠅。

了解昆蟲的意思——
不是只了解外觀和餵食什麼飼料，
不是只了解種類的特性。

更深入的了解和我們一起住在這個世界、
又小又寶貴的生命。

如果不是蜜蜂和蝴蝶，誰負責花的授粉？
螽斯的前翅怎麼會有發音器？
螢火蟲的屁股為什麼會發光？

了解愛護小生命的方式，
體會和牠們一起共處在這個世界的喜悅。

我要成為了解昆蟲的人！

親近藝術的人

「我喜歡畫畫、聽音樂,也喜歡文學著作,全部都喜歡!」

享受藝術,感覺更能豐富生活。我要去美術館欣賞美麗的雕像,也要去音樂廳聽音樂會。看完舞台劇後,去書店買詩集,每一天就會變成美麗的一首詩。

「就像是鳥破殼而出的感覺。」

舞者的一舉手一投足都好美,身體怎麼可以有那麼多表情,神奇到我也想跟著擺動看看。一個人在家無聊時,隨心所欲的跳一跳應該也很好玩。打屁股也能成為舞蹈動作嗎?拍拍肚子後往上躍的動作,是否能成為藝術作品呢?就算動作再怎麼不協調,只要自己開心就好了吧?

「怎麼可以少了爆米花？」
　　一個人也想大方的去看場電影。我也想到偶像演唱會大聲尖叫。再怎麼忙碌，也會讓我的生活有喘息的時候，最好的方式就是用美麗的藝術充電。

「真是奇怪，年紀已經這麼大了，還是一直喜歡看告白的劇情。」
　　看完舞台劇回家的路上，希望下著大雪。欣賞完歌劇回去時，可能想去餐廳享用美食。路上聽到聖誕歌，一定會洋溢著期待的心情。搞不好會想要模仿告白的場景。
　　「喔？白雪很適合我的白髮。」

詩不是用讀的,而是用感覺的。
舞台劇不是用看的,而是要投入其中。

親近藝術的意思——
不是炫耀自己看了多有名的作品,
不是到處去看昂貴的表演。

聽著音樂,沉重的心情就會變得輕鬆和舒暢。
在身旁放一杯茶,翻閱圖畫書,
急促的心情就會變得從容一點。

享受藝術的人,人生會不會就跟藝術一樣美好?
讓藝術融入日常生活,
每天享受美好的人生一定很幸福。

我要成為親近藝術的人!

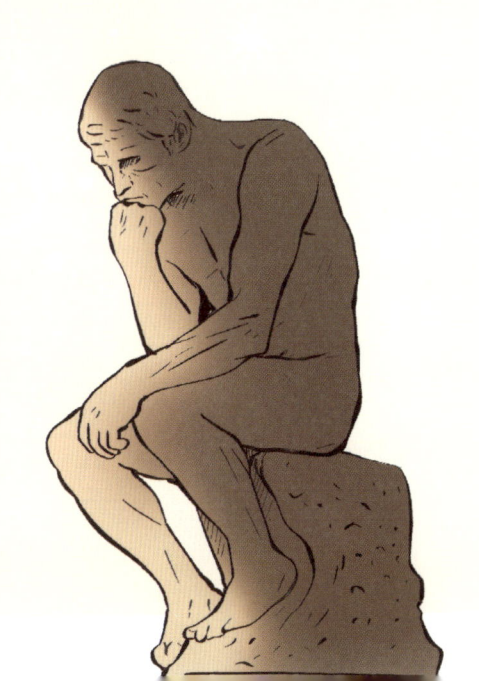

懂得感謝的人

如果沒有爸爸媽媽，我還能出生在這個世界嗎？沒有奶奶的話，誰來照顧我？如果阿姨沒有買新運動鞋給我，我可能還穿著舊鞋。如果姑姑沒有買世界史的書，我可能依然對別的國家一無所知。仔細想一想那些理所當然的事情，每一件都值得感謝，有時對沒什麼的小事也會心生感謝。

　　如果沒有空氣，我就不能呼吸吧？想在森林散步時，對著野草和樹木說聲謝謝。如果不下雨，可能沒有水喝也不能洗澡，我想看著下雨的窗外，對著烏雲和雨滴說聲謝謝。如果沒有太陽，就分辨不出白天還是晚上吧？我想靜靜的閉上眼睛，對著太陽說聲謝謝。時時保持感謝的心，自然會發生更多值得感謝的事。

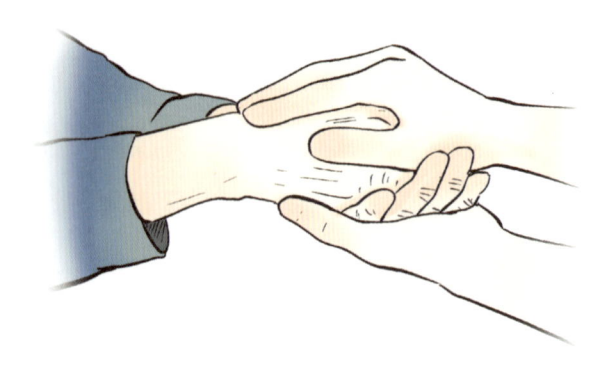

「到底怎麼養大我們三兄妹的？我養一個小孩就這麼辛苦了。」

我可能會牽著我調皮小孩的手，回到小時候住的老家，緊緊抱住爸爸和媽媽。久久的撫摸著一下子變老的爸媽的手。我要向爸爸媽媽說謝謝，還有我愛他們。表達感謝和愛時，心情就會變得更加溫暖和柔和。

「怎麼笑起來的樣子這麼漂亮？」
「怎麼連睡覺的樣子都這麼可愛？」

我可能正在感謝孫子健康的長大，感謝他吃得頭好壯壯。在春日的暖陽下和小狗玩耍多快樂，即使皺紋增多、年紀變大，我還是要時常保持感恩的心。

懂得感謝的意思——
不是點一下頭就算了，
不是沒誠意的隨口說謝謝。

對身邊的人，
表達內心深處溫暖的心意。
對於一起相處的所有事物傳遞溫暖的話語。

「謝謝老師，謝謝你愛我們！」
「謝謝貓咪，謝謝你陪在我身邊！」

對於理所當然的事情重新思考，
對於理所當然得到的愛和關心深入感受，
對於日常的和平和幸福也會再次有感覺。

我要成為懂得感謝的人！

謝謝你。

喜歡豎耳傾聽的人

當你豎耳傾聽，一定能感受到更多事情。雨滴落到不同地方，聲音都不盡相同，掉落在雨傘和人行道上的聲音就明顯的不同。掉落在溜滑梯的雨聲，跟貓咪跳來跳去的聲音很像。打在窗戶滑落的雨聲，與打在樹葉滑落的雨聲也不一樣。只要稍微專注的傾聽，就能聽到美麗又神祕的聲音。

「爸爸，好像有檸檬飛過去。」
在村子附近的森林裡看到黃鸝嗚嗚叫著飛過，牠怎麼能發出那麼清脆的聲音？怎麼能發出那麼高的聲音？在夏日森林裡遇到的黃鸝，聲音清澈透明又高亢，像檸檬一樣清爽。我想要更留心傾聽周遭悅耳的聲音。

坐在大大的櫸樹下傾聽蟬叫聲，有種輕快的感受，是很適合夏天的景色。明明腳沒有泡在水裡，只聽著溪谷的潺潺水流聲就感到涼爽，全身都有沁涼的感覺。

　　「要不要鋪上地墊休息一下？乾脆躺在樹蔭下睡一覺好了。」

　　孩子不會沒來由的哭，不能忽視他的表達不理會。長大的大人也不會沒來由的說累，不能因為年紀比我小就不正視他說的話。我要仔細傾聽所有的話語，世上沒有任何人是沒有理由就說話。

蟋蟀聲適合秋天的夜空，
下雪聲適合冬天的夜晚。

成為喜歡豎耳傾聽的人──
不是成為聽力很好的人，
也不是浪費時間聽別人說閒話。

拍打在岸邊岩石和湧入沙灘的海浪聲不太一樣。
早上和晚上聽到的船聲也有不同的感覺。

我要傾聽還沒聽過的神祕又美麗的聲音，
我要思考和感受很多事情，過美好的生活，
我想把悅耳的聲音珍藏心中，度過開心的每一天。

我不會因為是小孩子就不重視他說的話，
即使年紀比我小，我也會用心傾聽。

我要成為喜歡豎耳傾聽的人！

願望很多的人

「請讓我考試考好。」

「請讓我和朋友有很多時間一起玩。」

　　每一天我都有新的願望，數一數可能超過十根手指頭。看著月亮許願可能會實現，對著升起的太陽許願說不定也會發生。聽說願望不能告訴別人，只有自己知道才比較容易實現吧？

　　去補習班的時間到了，搞不好我正在許願可以不去補習班。如果有喜歡的人，或許會許願我們能變得更親近。雖然不是許願就能實現，但許願後總覺得有機會成真。如果願望一個個實現，我一定會很開心。

「為什麼願望會一直變呢？」

我可能會隨時仰望天空，每天許著不同的願望。已經忘記昨天晚上許了什麼願望。不過我還是要每天擁有新的願望，希望不斷有著想要實現的願望，才能持續擁有美麗的夢想。

即使上了年紀，我的願望也不會減少，說不定每天都會有新的願望，甚至比以前更多。祈求和家人度過幸福快樂的生活，如果身體不斷出現毛病，也會許下不要再生病的願望。我不只許願，當然也會努力運動，那麼願望一定會實現。

願望很多的意思——
不是不想付出努力就獲得成果，
不是不知道自己喜歡或擅長什麼，
卻想要實現很多事情。

懇切的期盼在我面前發生的、
大大小小的事平安順利。

我要讓自己期待發生比現在更好的事情，
我要讓自己的心變得更開朗、充滿活力。
進一步祈求和平，世界就會和平一點吧？
用溫暖的心面對生活，就會發生更溫暖的事情吧？

我想做的事情很多，也有很多願望，
喜歡的事情很多，想做好的事情也很多，
如果再虔誠的合攏雙手，願望是不是就會實現呢？

我要成為願望很多的人！

愛地球的人

我曾在海灘上看到打滾的寶特瓶，也看過小島上塑膠製品堆積如山的照片，人類生產太多用過一次就拋棄的物品。我們住的這片大地的主人是地球，我們只是借住在這裡，因此要愛惜地球，那麼，地球也會珍惜我們。

「媽，我不要用紙杯，用自己的杯子就好了。」

「爸爸，我可以不用吸管。」

我不使用紙杯，也不使用拋棄式吸管。我看過吸管卡在烏龜鼻子的照片，真的好可怕。想起鯨魚肚子裡塞滿了各式各樣的塑膠用品，就覺得很痛苦。如果我們不愛惜地球，地球可能會生重病。

我不使用塑膠袋，再怎麼麻煩也會隨身帶著環保袋。只要稍微忍耐不方便，北極熊就能過著幸福的生活吧？只要稍微忍耐不方便，企鵝也能放心的生活吧？就算有點麻煩，我也盡可能不使用塑膠製品，只要多付出一點點努力，地球就會漸漸變得健康。

我要盡可能使用木頭製品，為了重複使用資源，做好資源回收分類。如果不得已只能使用塑膠製品，一定會使用可以再利用的環保產品。

「不使用拋棄式用品更好，盡可能不使用塑膠製品更好。」

愛地球的意思──
不是為了拯救北極熊前往北極，
也不是為了拯救企鵝去南極。

從自身開始不使用拋棄式產品，
從自身開始不常使用塑膠製品。
如同地球讓我們活下來，我們也要讓地球活下去。

如果我們珍惜地球，
地球會成為我們更好的安全基地，
讓我們享受更健康和幸福的生活。

我們要成為愛地球的人！

充满童心的人

變成大人之後，依然像孩子般過著天真爛漫的生活一定很棒吧？希望未來的每一天都像圖畫中的美好日子──跟星星一樣閃耀，像月亮一樣皎潔。

　　「生活若像在盪星星秋千該有多好？」

　　「生活如果像趴在月亮上俯瞰夜空該有多好？」

　　不論說話和做事，都會直率且毫無掩飾。只要不是負面的話，我想盡情的說出自己的想法。如果不是不好的行為，我想盡情的做自己想做的。即使變成大人，也要像小朋友一樣過健康的生活。我要勇敢的去做任何事，這樣就會感到快樂和幸福。

我已經長大到不用再換大一號的鞋子，腋下的毛也夠多了，但依然想和孩子一樣過充滿童心的生活。會不看條件和我喜歡的人在一起，我不想權衡得失後才去做我想做的事情。這樣每一天都會快樂幸福吧？

　　白頭髮越來越多，年紀越來越大時，我想過得更單純。生日時戴著可愛的三角帽開生日派對，把蛋糕的鮮奶油沾在臉頰上拍生日照。沒能擁有更多又怎麼樣？被別人占點便宜又怎麼樣？我想要像小孩子一樣開心的生活，每一天就會更快樂。

週末要去哪裡玩？
冬天快到了，該怎麼開心的度過？

充滿童心的意思——
不是被困在每日的既定行程中，
不是生活中處處被照顧。

像小孩子一樣充滿朝氣的生活，
像小朋友一樣不在意太多條件，過自己喜歡的生活。

即使是小事也眉開眼笑，迎接更開心的明天。
每天去找尋有趣好玩的事情，
迎接更加幸福的每一天。

我們要成為充滿童心的人！

知識館

小麥田

長大後的你想成為什麼樣的人？
什麼都能修好的人、想像力豐富的人、很會開車的人……
33個未來生活的想像，培養不一樣夢想的指南書
열두 살 장래 희망

作　　　　者	朴城佑 박성우
繪　　　　者	洪畫畫 홍그림
譯　　　　者	葛增娜
封 面 設 計	翁秋燕
美 術 編 排	翁秋燕
主　　　編	汪郁潔
編　　　輯	蔡依帆

國 際 版 權	吳玲緯　楊靜
行　　　銷	闕志勳　吳宇軒　余一霞
業　　　務	李再星　李振東　陳美燕
總 編 輯	巫維珍
編 輯 總 監	劉麗真
事業群總經理	謝至平
發 行 人	何飛鵬
出　　　版	小麥田出版
	115台北市南港區昆陽街16號4樓
	電話：(02)2500-0888
	傳真：(02)2500-1951
發　　　行	英屬蓋曼群島商家庭傳媒股份有限公司
	城邦分公司
	115台北市南港區昆陽街16號8樓
	網址：http://www.cite.com.tw
	客服專線：(02)2500-7718｜2500-7719
	24小時傳真專線：(02)2500-1990｜2500-1991
	服務時間：週一至週五09:30-12:00｜13:30-17:00
	劃撥帳號：19863813　戶名：書虫股份有限公司
	讀者服務信箱：service@readingclub.com.tw
香港發行所	城邦（香港）出版集團有限公司
	香港九龍土瓜灣土瓜灣道86號順聯工業大廈6樓A室
	電話：(852)25086231
	傳真：(852)25789337
	E-MAIL：hkcite@biznetvigator.com
馬新發行所	城邦（馬新）出版集團Cite(M) Sdn. Bhd
	41, Jalan Radin Anum,
	Bandar Baru Sri Petaling,
	57000 Kuala Lumpur, Malaysia.
	電話：+6(03) 9056 3833
	傳真：+6(03) 9057 6622
	讀者服務信箱：services@cite.my
麥田部落格	http:// ryefield.pixnet.net
印　　　刷	漾格科技股份有限公司
初　　　版	2025年1月
初 版 三 刷	2025年5月
售　　　價	420元

版權所有 翻印必究
ISBN 978-626-7525-21-0
EISBN 9786267525203（EPUB）
本書若有缺頁、破損、裝訂錯誤，請寄回更換。

열두 살 장래 희망
Copyright © 2021 Text by 박성우(朴城佑/Park, Sung-woo) Illustration by 홍그림(洪그림/Hong-Grimm)
All rights reserved.
Originally published in Korea by Changbi Publishers, Inc.
Chinese-complex translation copyright © Rye Field Publications, a division of Cite Publishing Ltd, 2025
Published by arrangement with Changbi Publishers, Inc. through Eric Yang Agency.

國家圖書館出版品預行編目資料

長大後的你想成為什麼樣的人？：什
麼都能修好的人、想像力豐富的
人、很會開車的人……33個未來生
活的想像，培養不一樣夢想的指南
書/朴城佑著；葛增娜譯. -- 初版. --
臺北市：小麥田出版：英屬蓋曼群島
商家庭傳媒股份有限公司城邦分公
司發行, 2025.1
　　面；　公分. -- (小麥田知識館)
譯自：열두 살 장래 희망
ISBN 978-626-7525-21-0(平裝)
1.CST: 親職教育 2.CST: 兒童發展
528.2　　　　　　　113016182

城邦讀書花園
www.cite.com.tw
書店網址：www.cite.com.tw